Baráye Avi

You are the
Ja'farí to my g͟hormeh sabzí

Pronunciation Guide©

Persian	English	Pronunciation
اَ	a	**a**nt
آ	á	**a**rm
ب	b	**b**at
د	d	**d**og
اِ	e	**e**nd
ف	f	**f**un
گ	g	**g**o
ه	h	**h**at
ح	h	**h**at
ی	í	m**ee**t
ج	j	**j**et
ک	k	**k**ey
ل	l	**l**ove
م	m	**m**e
ن	n	**n**ap
اُ	o	**o**n
پ	p	**p**at
ق	q/gh*	me**r**ci
ر	r	**r**un
س	s	**s**un
ص	s	**s**un
ث	s	**s**un

Persian	English	Pronunciation
ت	t	**t**op
ط	t	**t**op
و	ú	m**oo**n
و	v	**v**an
ی	y	**y**es
ذ	z	**z**oo
ز	z	**z**oo
ض	z	**z**oo
ظ	z	**z**oo
چ	ch	**ch**air
غ	gh*	me**r**ci
خ	kh*	ba**ch**
ش	sh	**sh**are
ژ	zh	plea**s**ure
ع	'	uh-oh†

*	: guttural sound from back of throat
†	: glottal stop, breathing pause
ّ	: Indicates a double letter
ً	: Indicates the letter n sound
لا	: Indicates combination of letter l & á (lá)
ای	: Indicates the long í sound (ee in m**ee**t)
اِی	: Indicates the long í sound (ee in m**ee**t)
(...)	: Indicates colloquial use

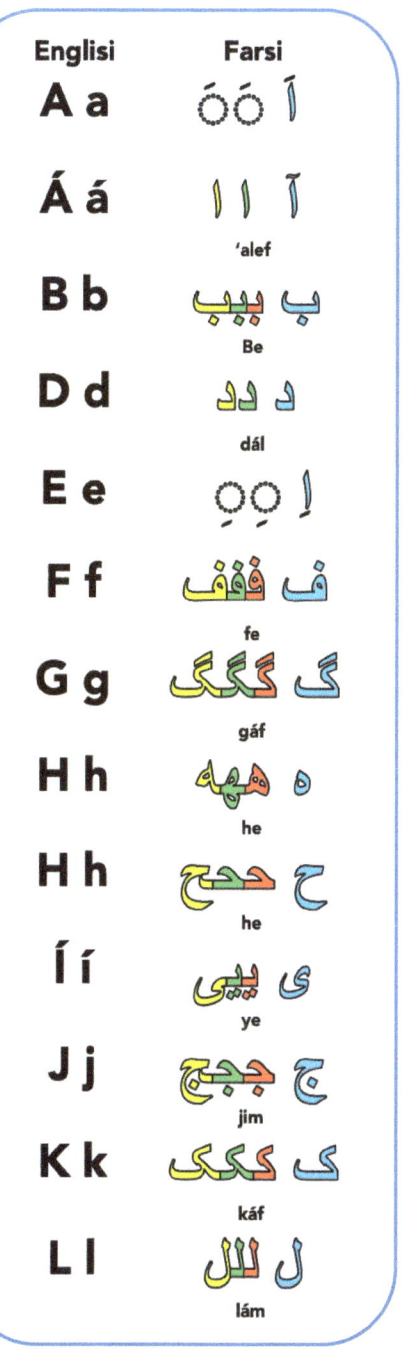
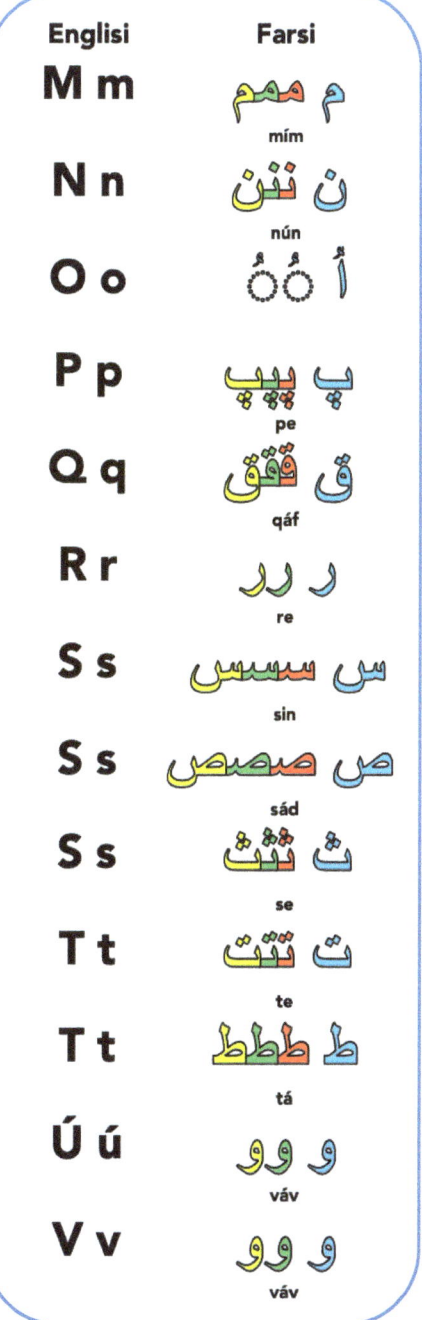
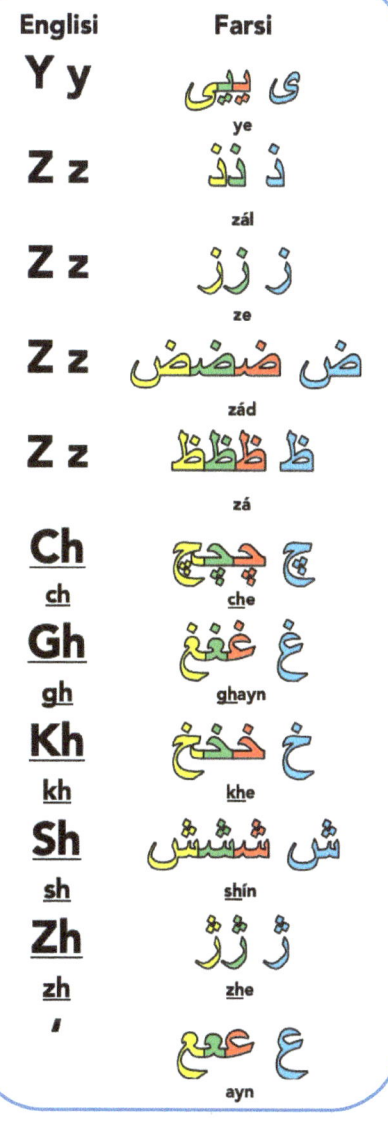

Letter Guide©

The Persian Alphabet

We want to simplify your Persian learning journey as it is such a unique & enigmatic language. There are 32 official Persian letters. The letters change form depending on their position in a word or when they appear separate from other letters. For example, the letter ghayn غ has four ways of being written depending on where it appears in any given word:

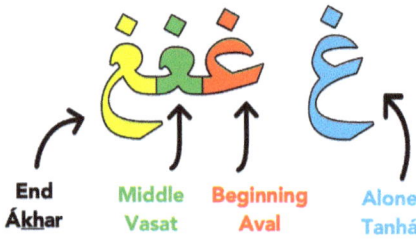

End Ákhar | Middle Vasat | Beginning Aval | Alone Tanhá

It is important to note that Persian books are read from right to left (←). There are 7 separate or stand-alone letters that do not connect in the same way to adjacent letters (these will not be depicted in red). They are:

Stand alone Tanhá vámístan

The short vowels a, e & o are usually omitted in literature and are depicted by markings above & below letters (ُ َ). They are not allocated a letter name, unlike their long vowel counterparts á: alef, í: ye & ú: váv (و ی آ).

Crab

Kharchang
خَرچَنگ

Dolphin

Dolfín

دُلفين

í: as (ee) in m<u>ee</u>t

Eel

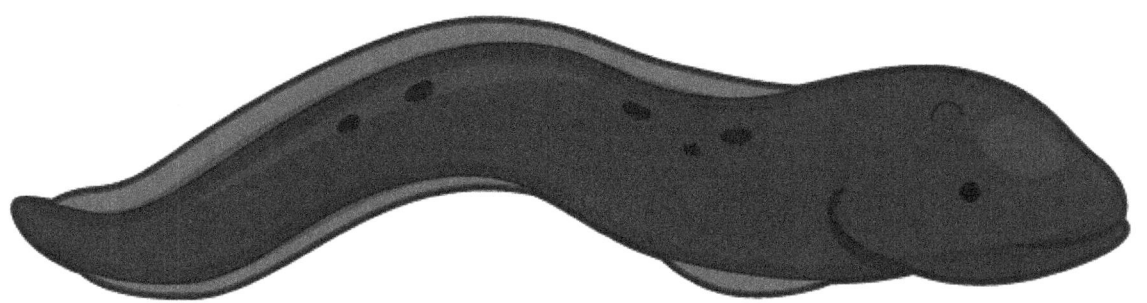

Mármáhí

مارماهی

á: as (a) in arm
í: as (ee) in meet

Fish

Máhí

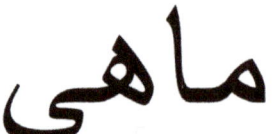

á: as (a) in <u>a</u>rm
í: as (ee) in m<u>ee</u>t

Frog

Ghúrbágheh
قورباغِه

ú: as (oo) in m<u>oo</u>n
á: as (a) in <u>a</u>rm

Jellyfish

Arúse daryáí

عروسِ دَریایی

ú: as (oo) in m<u>oo</u>n
á: as (a) in <u>a</u>rm
í: as (ee) in m<u>ee</u>t

Lobster

Kharchange daryáí
خَرچَنگِ دَریایی

á: as (a) in <u>a</u>rm
í: as (ee) in m<u>ee</u>t

Octopus

Hashtpá
هَشت پا

á: as (a) in <u>a</u>rm

Oyster

Sadafe khorákí
صَدَفِ خوراکی

á: as (a) in arm
í: as (ee) in meet

Seahorse

Asbe daryáí

اَسبِ دَریایی

á: as (a) in arm
í: as (ee) in meet

Seal

Fok

فوک

Shark

Kúseh

كوسِه

ú: as (oo) in m<u>oo</u>n

Prawn

Meygú
میگو

Squid

Máhíye morkab
ماهِی مُرکَب

á: as (a) in arm
í: as (ee) in meet

Starfish

Setáreh daryáí
ستاره دَریایی

á: as (a) in <u>a</u>rm
í: as (ee) in m<u>ee</u>t

Stingray

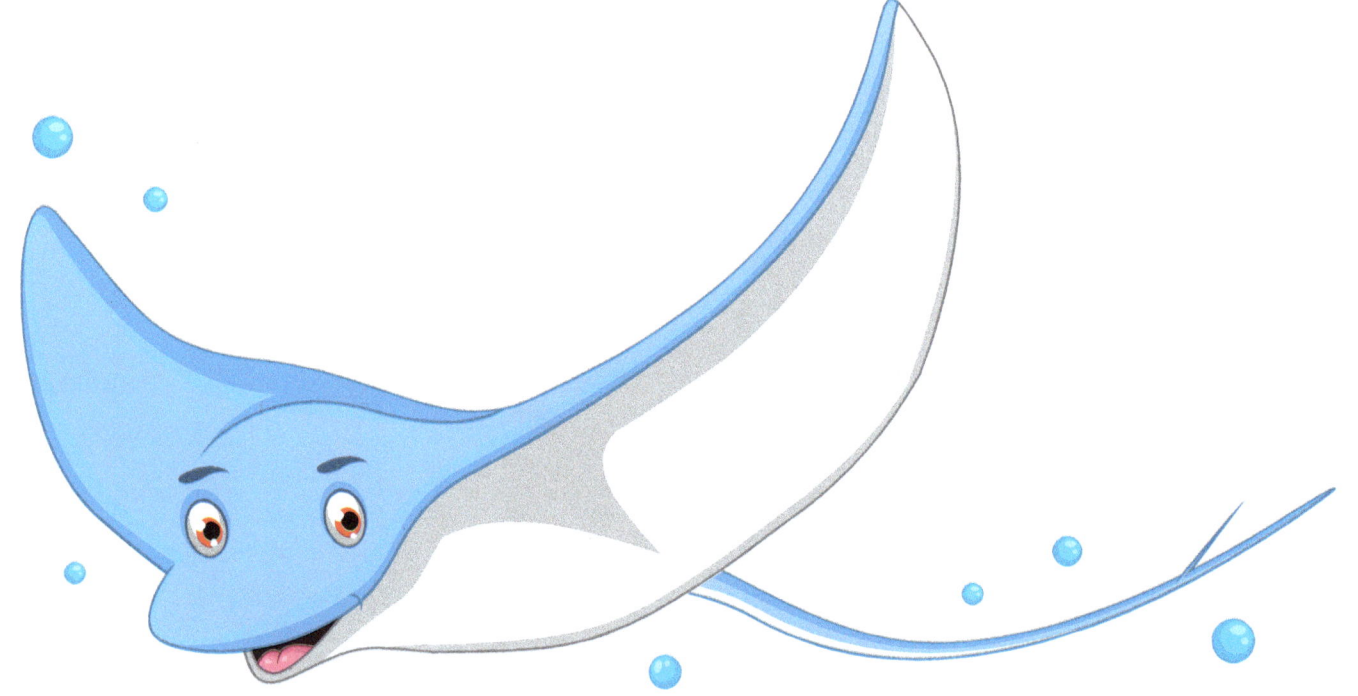

Sofreh máhí

سُفرِه ماهی

á: as (a) in <u>a</u>rm
í: as (ee) in m<u>ee</u>t

Swordfish

Areh máhí

اَرِه ماهی

á: as (a) in <u>a</u>rm
í: as (ee) in m<u>ee</u>t

Whale

Nahang
نَهَنگ

Seaweed

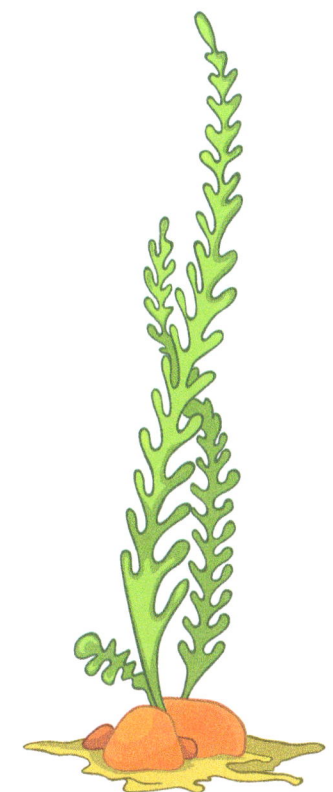

Jolbake daryáí

جُلبَکِ دَریایی

á: as (a) in arm
í: as (ee) in m<u>ee</u>t

Coral

Marján

مَرجان

á: as (a) in <u>a</u>rm

Beach

Sáhele daryá
ساحِل دَریا

á: as (a) in arm

Lake

Daryácheh

دَریاچه

á: as (a) in arm

River

Rúd<u>kh</u>áneh

رودخانِه

ú: as (oo) in m<u>oo</u>n
á: as (a) in <u>a</u>rm

Diving

G̲havásí

غَواصى

á: as (a) in arm
í: as (ee) in meet

Fishing

Máhígírí

ماهیگیری

á: as (a) in arm
í: as (ee) in meet

Swimming

Shená kardan

شِنا کَرَدَن

á: as (a) in arm

Water

Áb

آب

á: as (a) in <u>a</u>rm

Play in the water

Áb bází

آب بازی

á: as (a) in <u>a</u>rm
í: as (ee) in m<u>ee</u>t

Shell

Sadaf

صَدَف

Submarine

Zír daryáí

زیر دَریایی

í: as (ee) in m<u>ee</u>t
á: as (a) in <u>a</u>rm

Sand

Shen

شِن

Wave

Moj
موج

www.ingramcontent.com/pod-product-compliance
Lightning Source LLC
Chambersburg PA
CBHW061750290426
44108CB00028B/2949